MES CATHÉDRALES

Tomi Ungerer
MES CATHÉDRALES

Sur une idée de Jean Willer

La Nuée Bleue

La vieille dame
et l'éternel adolescent

par Jean Willer

On prétend qu'il n'est de meilleur moyen de connaître un homme que d'observer ses goûts, ses livres et ses amis. Les ouvrages qui composent ma bibliothèque personnelle expriment tant mon amitié pour Tomi Ungerer que ma passion de toujours pour la cathédrale de Strasbourg et constituent sans nul doute à cet égard les meilleurs interprètes de moi-même. Comment dès lors pourrais-je ne pas me réjouir vivement de la publication de ce livre, reflet des regards multiples portés par l'artiste facétieux sur le célèbre édifice ? Je connais l'auteur de *The Party* et de *Fornicon* depuis le début des années 1990, lorsqu'un jour d'attente maussade dans l'aire d'embarquement de l'aéroport d'Orly, un heureux hasard me le fit rencontrer. Ce ne fut certes pas, comme l'écrivait Flaubert, une apparition : des soucis de santé forçaient Tomi à porter une minerve et je lui avais tout naturellement proposé mon aide pour transporter ses bagages. Premier contact spontané et fortuit, prélude à une relation durable dont je me nourris depuis près de vingt ans et qui me conduisit plus tard à accepter la présidence de l'Association internationale des Amis de Tomi Ungerer. A l'époque de notre rencontre, Tomi venait juste de faire don de son impressionnante collection de jouets à la ville de Strasbourg. Je suis moi-même collectionneur féru de petits soldats – une passion qui m'anime depuis de nombreuses années – et ce point commun constitua le tout premier ciment de notre amitié. Il y en eut bien d'autres depuis... « Nous sommes là toi et moi pour réunir les choses qui n'auraient jamais dû être séparées, m'avait déclaré Tomi d'un ton docte et solennel. A partir d'aujourd'hui, pas de manières entre nous : tu es Jean et je suis Tomi. » Et ce qui fut dit fut fait.

Une dynastie d'horlogers

Sait-on que l'histoire familiale de Tomi Ungerer est étroitement liée à celle de la cathédrale de Strasbourg ? Jean-Baptiste Schwilgué, artisan de renom chargé en 1838 de la longue rénovation de son horloge astronomique, s'était en effet adjoint les services de deux jeunes collaborateurs pour mener à bien cette mission délicate : Auguste-Théodore et Albert Ungerer. A la mort de Schwilgué en 1856, les deux frères se retrouvèrent d'ailleurs à la tête de son entreprise, chargés notamment de la conservation de la célèbre horloge, marquant ainsi la naissance d'une prestigieuse dynastie d'artisans chevronnés, à l'origine de plus de quatre mille mécanismes installés à travers l'Europe entière. Le virus de la mécanique de précision fut successivement transmis à Alfred, le fils d'Auguste-Théodore, puis à Théodore, fils d'Alfred et père de Tomi, dont la construction de l'horloge astronomique de la cathédrale de Messine en 1933 constitue l'indiscutable chef-d'œuvre, prouesse technique à base de gigantesques scènes animées et de nombreux automates grandeur nature. Rien d'étonnant, dès lors, à ce que Tomi soit, avec la cathédrale de Strasbourg, en pays de connaissance...

Tomi Ungerer est issu d'une famille d'horlogers de la Cathédrale de Strasbourg. Son père Théo a réalisé, en 1933, l'horloge astronomique de la cathédrale de Messine.

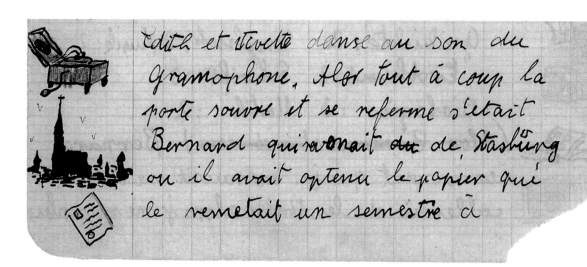

Le premier dessin de la cathédrale de Strasbourg réalisé par Tomi Ungerer, dans son journal personnel, à l'âge de douze ans, pendant la guerre.

La cathédrale sous toutes les formes

On connaît l'importance que revêt, pour l'universel Tomi Ungerer, la région où, de son propre aveu, « plongent ses racines ». Notre homme garde assurément l'Alsace au cœur – comme le confirme du reste l'un des dessins inédits présentés dans cet ouvrage, un électrocardiogramme personnel de Tomi malicieusement détourné par ses soins et dont le tracé représente soudain la silhouette élancée de la cathédrale. L'attachement de l'artiste au pays de son enfance a bel et bien quelque chose de viscéral et les œuvres nombreuses qui composent le livre que vous tenez entre les mains en attestent toutes. Mais l'essentiel est sans doute ailleurs : rassembler les cathédrales de Tomi (comment en effet, devant un tel feu d'artifice, ne pas recourir au pluriel ?) permet avant tout de mettre en lumière l'extraordinaire diversité qui caractérise l'un des artistes majeurs de notre temps. Diversité des formes d'expression, tout d'abord : illustrations livresques, affiches, publicités, cartes postales, cartes de vœux, calendrier de l'Avent, collages et même journal intime – celui du jeune Tomi, alors âgé d'une douzaine d'années, couchant déjà sur le papier ses impressions d'enfance dans une Alsace en pleine annexion allemande. Le trait tour à tour tendre et iconoclaste de Tomi

Ungerer n'a en effet négligé aucun support – en cela toujours fidèle à une conception paternelle de l'art dont il est aujourd'hui le dépositaire. Diversité de tons surtout, de voix devrais-je dire, tant impressionne la faculté de l'artiste à investir tous les registres avec un égal bonheur. On retrouvera donc, au hasard des nombreux dessins qui constituent cet ouvrage et dressent un vaste panorama de son parcours artistique, toutes les préoccupations qui font de Tomi Ungerer un artiste unique et précieux. Cette cathédrale, témoin complice des embrassades nocturnes des amants, exprime ainsi merveilleusement la tendresse de l'auteur, marquée parfois du sceau d'une mélancolie subtilement romantique – à l'image des illustrations tirées de *Das Grosse Liederbuch* (publié en 1975), colossal succès public vendu à plus d'un million d'exemplaires et livre du retour aux sources, à une époque où Tomi, voyageur infatigable, se réapproprie par le dessin l'Alsace de son enfance.

Tendresse, humour et provocation

Ce Mexicain coiffé d'un sombrero, somnolant dans le désert à l'ombre protectrice de la cathédrale, illustre le regard empli d'une poésie décalée, parfois absurde, que l'artiste promène sur la vie depuis plus de cinquante ans. Ce Prussien vociférant coiffé d'un casque à pointe et qui pique ses fesses nues au sommet de l'édifice constitue pour sa part l'une des illustrations de son humour ravageur. Quant à son sens inné de la provocation, aux antipodes du politiquement correct qui le barbe depuis toujours, on le retrouve plus vif que jamais dans cette cathédrale transformée en minaret, ou dans cette autre ondulant au son hypnotique d'un charmeur de serpent oriental... On évoquera également l'érotisme, depuis toujours cher à Tomi, présent dans les collages inédits réalisés spécialement pour ce livre en 2006 et dans lesquels la cathédrale, respectable vieille dame, monument de la sculpture gothique, « prodige du gigantesque et du délicat » célébré par Victor Hugo, se retrouve notamment transformée en porte-jarretelles ou en soutien-gorge d'une gironde « vierge folle ».

Une passion intacte

Ces collages permettent à Tomi Ungerer de révéler au grand public une facette assez méconnue et pourtant majeure de son talent protéiforme. Ils illustrent surtout le formidable enthousiasme d'un garnement de soixante-quinze printemps, franc-tireur frondeur et irrespectueux, loin d'avoir brûlé toutes ses cartouches et bien décidé à ne pas rendre de sitôt les armes de l'humour. Je revois encore le visage lumineux de Tomi, alors que je lui rendais un jour visite en Forêt-Noire, dans le cadre de la préparation du présent ouvrage : « Viens par ici, m'avait-il dit avec ce sourire éclatant que lui seul sait produire, j'ai une surprise à te montrer. » Je m'étais souvenu que, quelque temps plus tôt, il m'avait demandé de lui fournir des photographies de détails – dentelles ciselées de grès rose tirées des portails et des arches de la cathédrale, ainsi qu'un tampon représentant l'édifice... Autant d'éléments que je retrouvais à présent transfigurés dans la série de collages qu'il me présentait avec l'œil malicieux du magicien qui fait jaillir de son haut-de-forme escouades de colombes et bataillons de lapins...

S'il fallait en définitive retenir une leçon de ces cathédrales, c'est qu'elles illustrent, de 1943 jusqu'à nos jours, la passion jamais démentie et le feu jamais éteint dont brûle cet artiste d'exception nommé Tomi Ungerer, qui eut la bonne idée de devenir mon ami. Il est aujourd'hui si rare d'avoir, comme lui, autant de lauriers et aussi peu l'envie de se reposer dessus.

JEAN WILLER
Président de l'Association internationale
des Amis de Tomi Ungerer

Pour Francis Limon

Mes Cathédrales

par Tomi Ungerer

Serait-ce parce que je la porte dans mon cœur que la cathédrale de Strasbourg a provoqué mes trois infarctus ? En tout cas, elle s'est dressée sur mon électrocardiogramme à la grande stupéfaction de mon cardiologue.

Si la cathédrale est de mon ressort, c'est en raison de mes racines horlogères. Les rouages de son horloge astronomique ont modelé ma cervelle, expliquant l'origine de mes élucubrations. Mais c'est mon instinct gastronomique qui m'a poussé à la mettre à toutes les sauces. N'allez cependant surtout pas croire que je lui manque de respect, bien au contraire. Je suis le premier à regretter la préséance des touristes sur les fidèles en ce lieu dépositaire de tant de prières, de tant de gratitudes et de jubilation, de tant de consolations dans les deuils et les désespoirs. Car ce sont surtout les visiteurs de passage qui viennent se rincer l'œil dans son bénitier. Ainsi, ce touriste américain que j'ai entendu s'adresser à sa famille : « My God ! It's juste like Disneyland ! » *(Mon Dieu, c'est comme Disneyland !)*

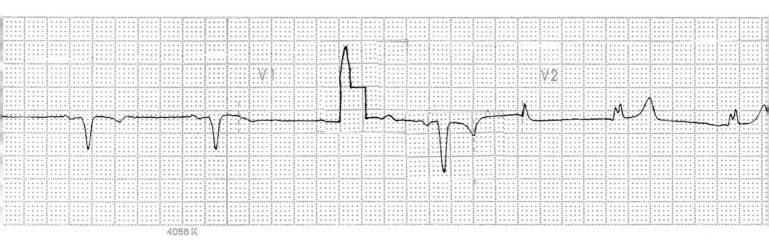

La cathédrale nous fait entrer dans le monde des légendes. Il y a quelques années, lors d'un tournage par la BBC d'un film sur l'Alsace, j'ai expliqué que l'époque glaciaire avait déposé un énorme bloc de grès à l'emplacement actuel de la ville et que la cathédrale fut taillée, sculptée, ciselée d'une seule pièce dans ce monolithe.

Le rose de son grès, qui se noircit sous la pluie, ne doit pas faire oublier que la cathédrale en a vu de toutes les couleurs. Sous Louis XV, l'intérieur fut badigeonné en nankin, couleur alors à la mode, un jaune aussi chamois que chanoine. Inachevée, elle doit son élégance à sa flèche solitaire qui fut considérée, pendant la Révolution, comme un signe d'inégalité et faillit être démantelée. Elle est, à ma connaissance, la seule des cathédrales à honorer les vierges folles, à avoir mis les anges au poteau et les fous dans sa nef. Elle est la seule cathédrale qui laisse la synagogue se manifester à bâtons rompus, au rythme d'une horloge astronomique qui nous donne une mesure précise de l'avenir, alors même que l'éternité est sans horaires. Et, à 10 heures du soir, chaque jour, retentit la Zehnerglock, le moment du couvre-feu annonçant les embouteillages créés par la population juive obligée de quitter les lieux.

La cathédrale, tel un corps de chasse, a son anatomie : ses orgues et ses organes, son chœur qui bat, son tympan, l'œil cyclope de sa rosace, un portail sur son poitrail, les arcs-boutants de sa cage thoracique, des piliers vertébrés sous son dos voûté, le tocsein des cloches. Elle souffre d'une dermatose due aux pots d'échappement et à leurs émissions d'absides sulfuriques. Mais elle jouit avec bonheur d'un priapisme qui la maintient en érection permanente. La cathédrale est bien ancrée sur des piliers de chêne enfoncés dans le gravier rhénan, mais elle flotte sur un lac souterrain d'eau bénite alimenté par la nappe néphrétique du rein supérieur (si le niveau de la nappe venait à baisser, le bois se dessécherait et la cathédrale s'affaisserait, finissant comme Madame Sans-Chêne).

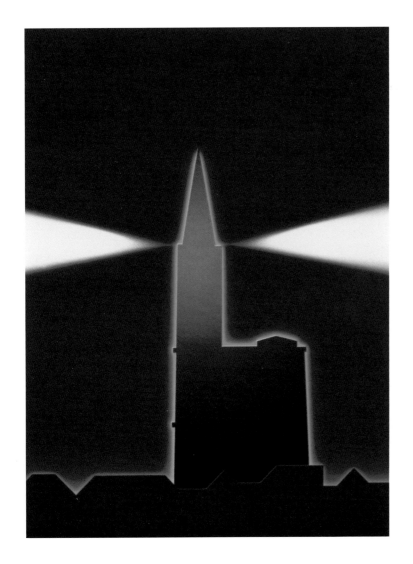

D'autres rumeurs circulent sans permis : on prétend que la cathédrale fut construite sur l'emplacement d'un temple consacré à Isis, la dynastie des Ramsès ayant à l'époque fortement investi dans l'immobilier à Strasbourg. Des fouilles ne sont pas envisagées. On craint les revendications de la communauté égyptienne.

Alternativement vouée aux cultes catholique et protestant, temple de la Raison pendant la Révolution, elle a connu les renards prêchant aux canards, les loups dans la bergerie, le règne des fous dans sa nef et un coq dans son horloge, premier automate conçu en Europe. Tout cela, c'était avant la découverte du DDT, une époque démangée par les piqûres de mystiques. Un cardinal de Rohan, accompagné de ses nains, y a donné un coup de collier à Marie-Antoinette. Et même Adolf Hitler est venu y faire le tour du propriétaire, ce qui soulève une question importante : le fameux « rayon vert » de la cathédrale, qui traverse le pied de Judas pour éclairer le Christ de la chaire les jours d'équinoxe, est-il devenu vert-de-gris pendant ces années noires ?

Elle qui a connu le siècle des Lumières a découvert celui de l'électricité. Désormais illuminée comme une folie bergère, elle exhibe chaque nuit les moindres détails de sa merveilleuse anatomie. A la barbe de l'Orifice du Tourisme, tous les ans, le 25 décembre, l'Enfant Jésus, né en Alsace de parents juifs, fait une descente incognito pour chasser de son temple les marchands, les pères Noël de pacotille et les vendeurs d'argenterie Christophe.

Sans le mécénat des religions, l'histoire de l'art serait bien anémique. Aujourd'hui, le capitalisme érige des gratte-ciel à la gloire du Mammon-dollar. Strasbourg, sans sa cathédrale, ce serait comme New York sans les deux tours du World Trade Center.

Ma spiritualité s'élève peu dans la cathédrale, elle s'éthère plutôt devant le spectacle de la nature. Nuages, mer, sommets, le moindre myosotis me transportent. Je suis comme les Celtes qui célébraient leurs cultes dans la forêt, cette forêt qui est d'ailleurs présente dans les troncs de ses piliers. Je préfère l'humilité intime d'une chapelle à la grandiose arrogance d'un monument érigé pour manifester une foi qui veut en imposer. Cela dit, Dieu est là où on l'invoque. Le potentiel spirituel d'une cathédrale est celui d'une batterie d'artillerie lourde, rien à voir avec les armes légères d'une chapelle. Car plus le lieu où se réunissent les fidèles est vaste, plus volumineuse sera la concentration de prières, c'est logique.

On imagine ainsi l'énorme cumulus de ferveurs qui monte vers le Seigneur, se condensant sous la clé des voûtes du mystère et des songes avant d'ouvrir les soupapes de la rédemption. L'être humain, si petit, si perdu, éprouve le besoin de se recueillir dans une dimension qui le dépasse et qui repasse son âme chiffonnée par le doute. C'est la sérénité par le vide. Asile et refuge grandiose, la cathédrale est là, avant-goût du poste-frontière où nous attend la mort. Sa flèche pointe en direction du ciel, poteau indicateur à suivre en cas de décès. Ainsi soit-il!

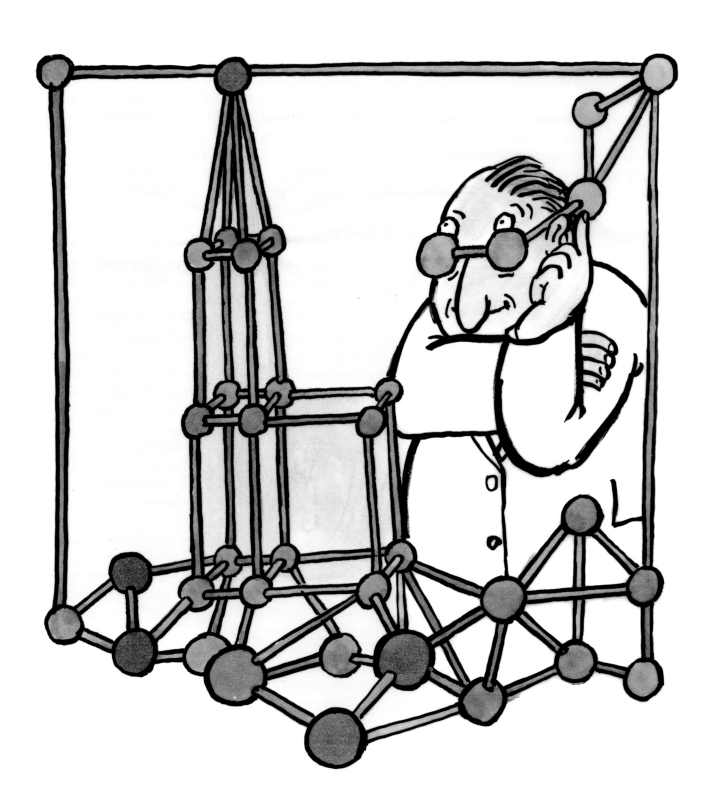

29

-1870-

le siège de Strasbourg !

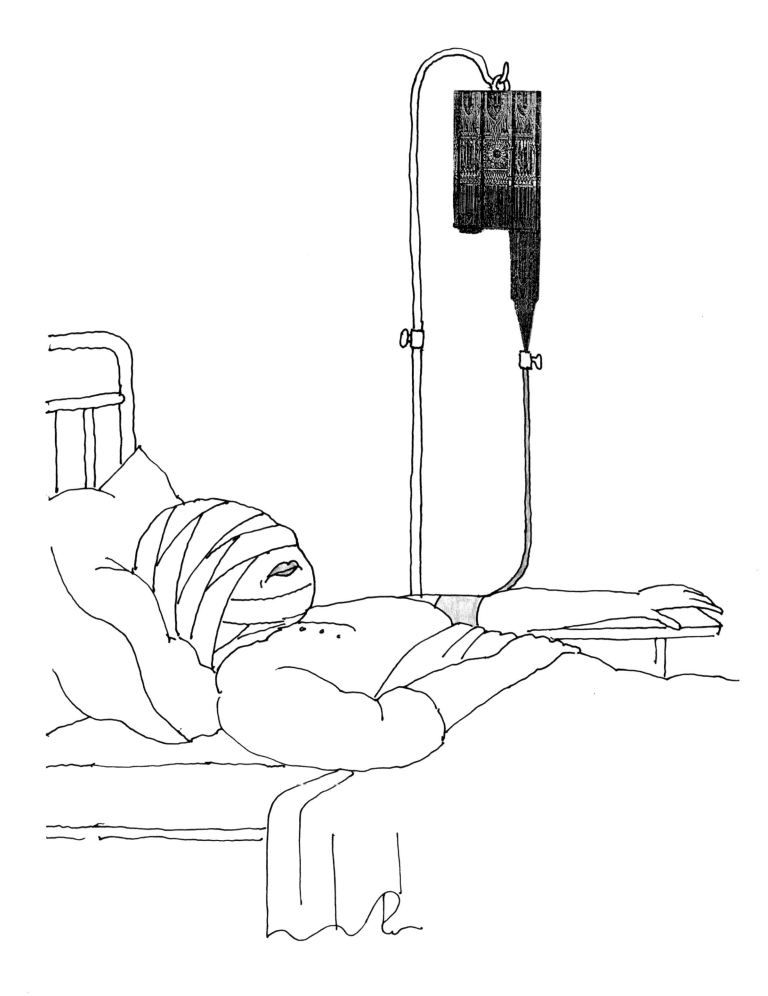

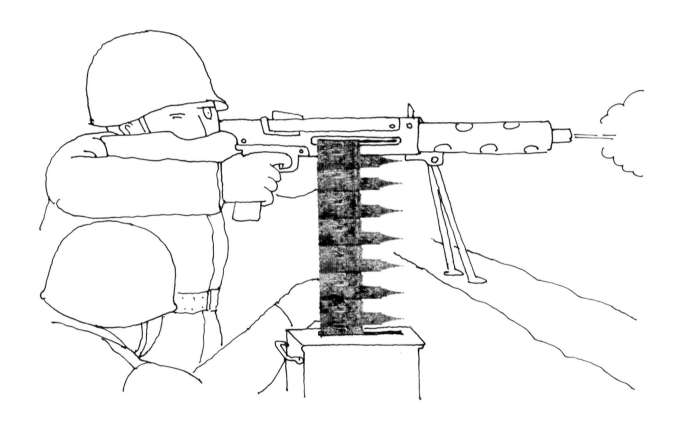

– Novembre 1944 –

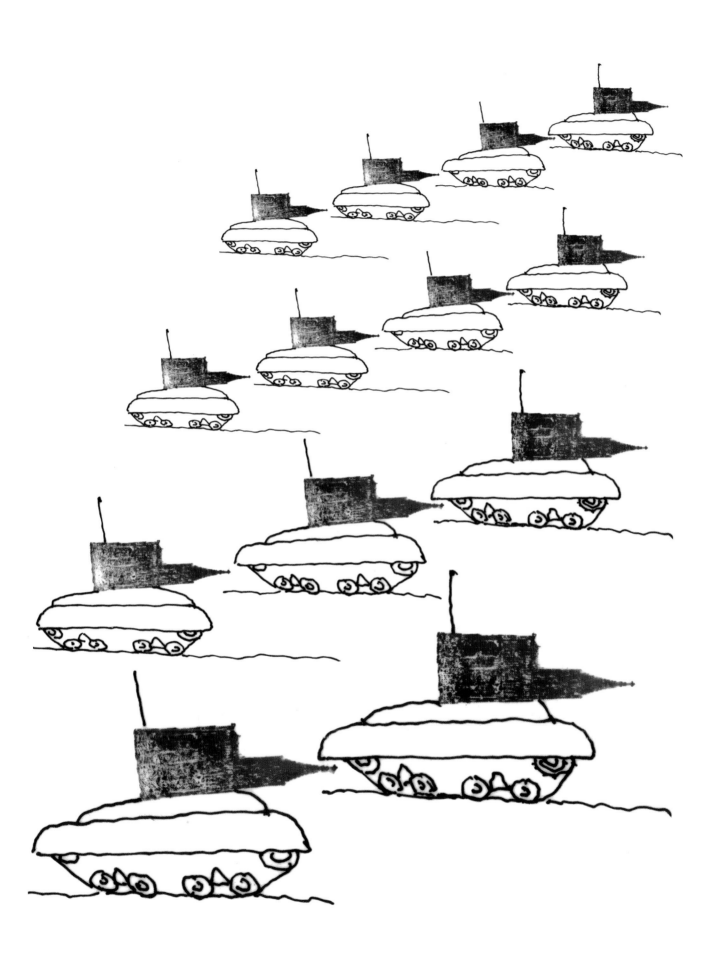

le conseil municipal

en marche vers la mairie

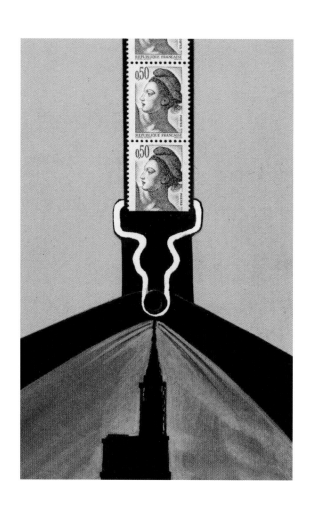

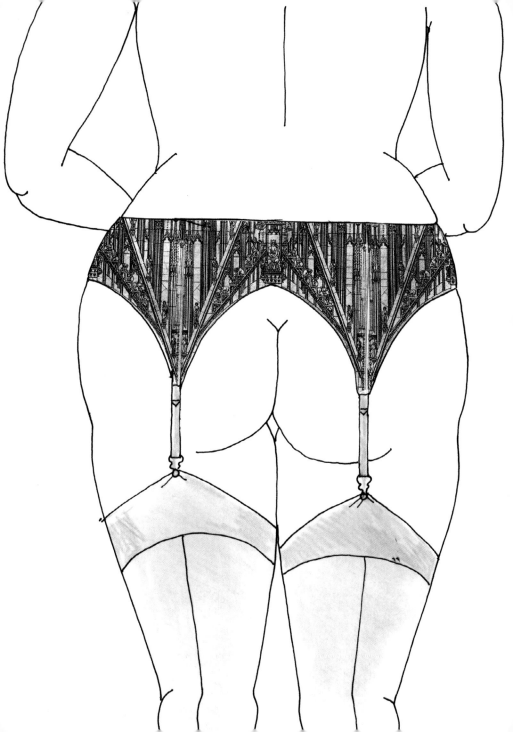

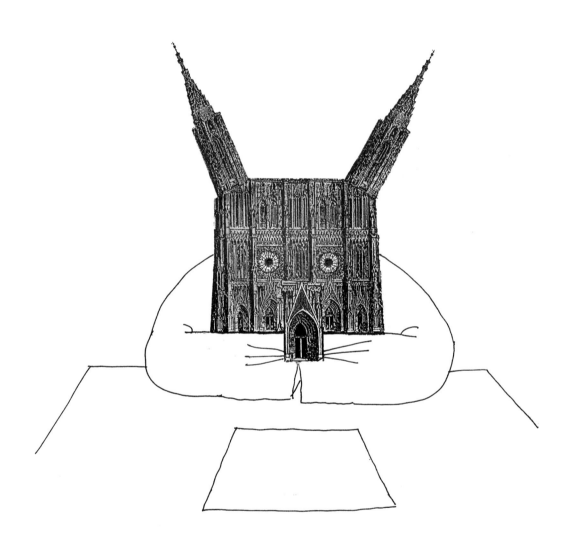

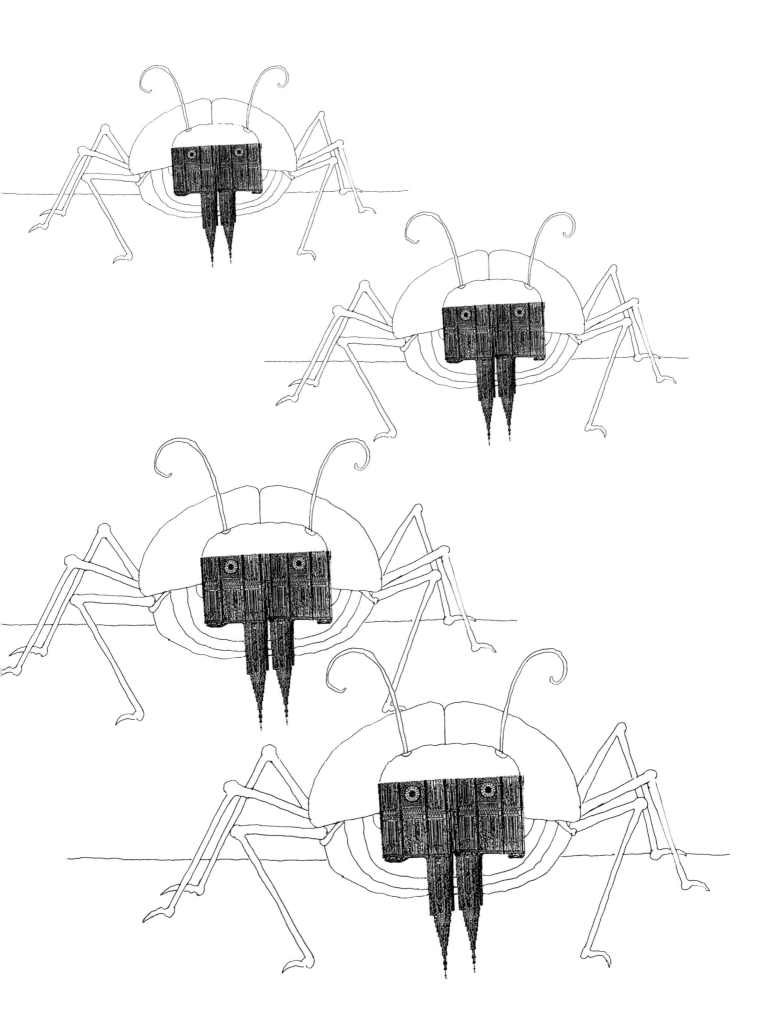

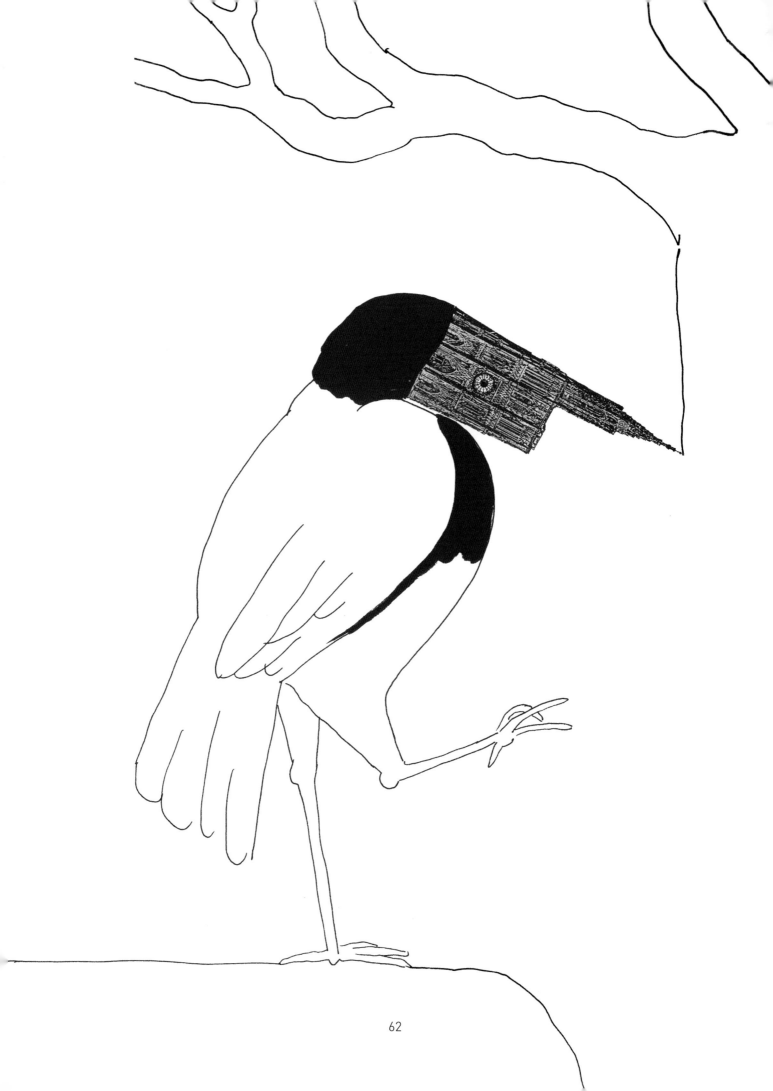

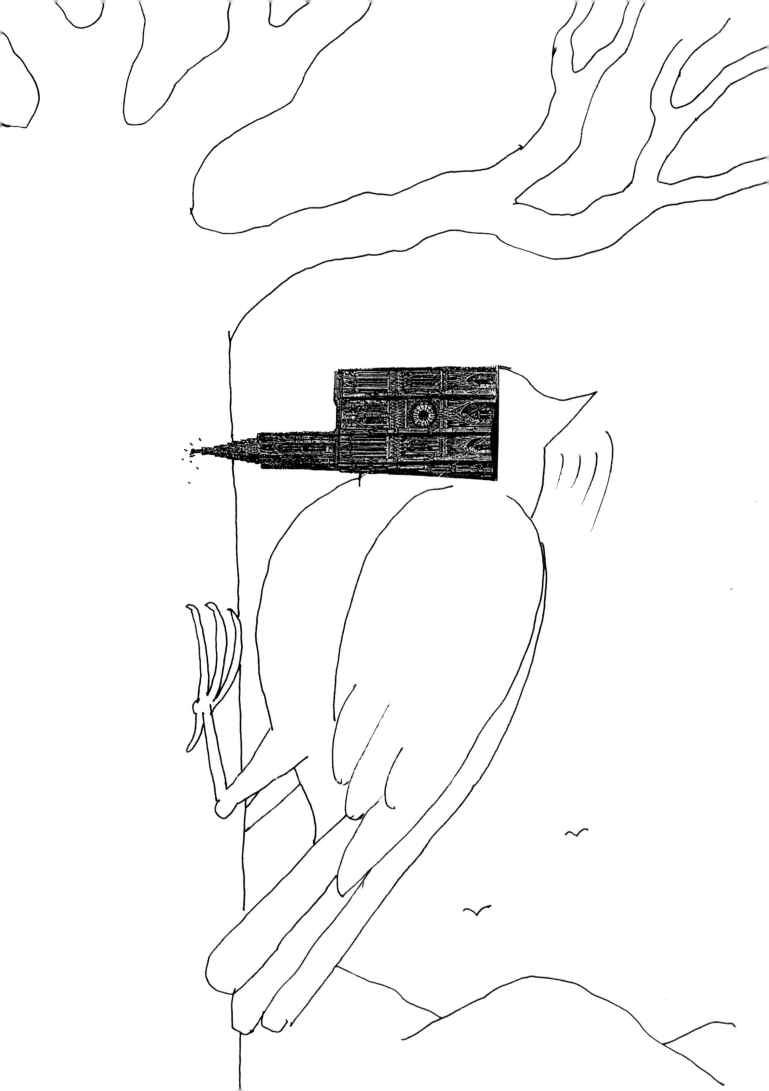

"Es ist ein Ros' entsprungen".

Heim weh
À l'ombre de la cathédrale

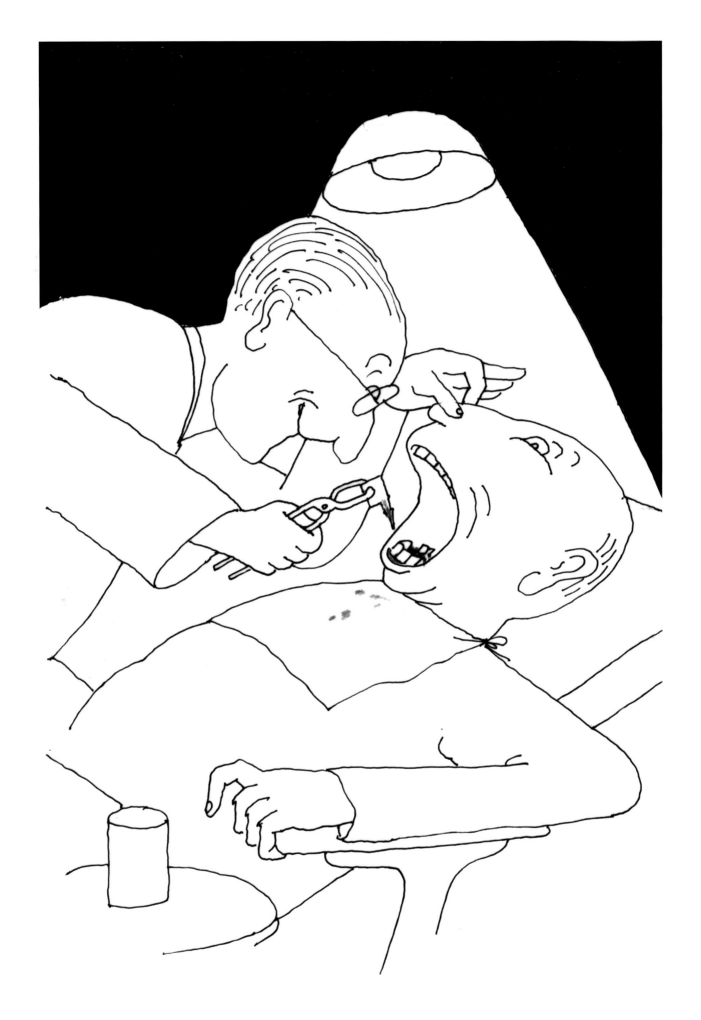

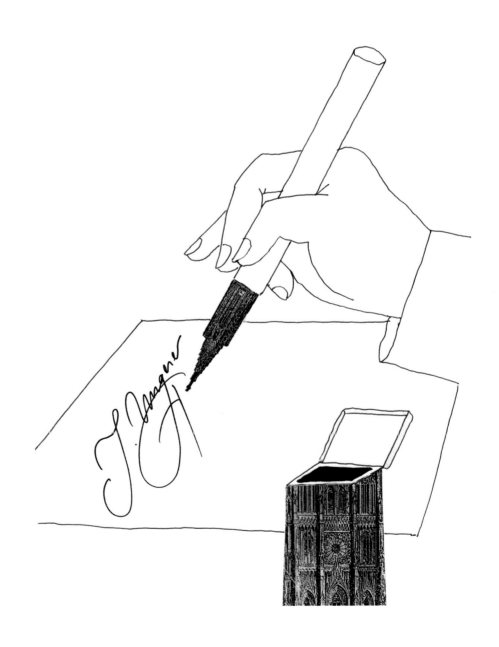

RÉFÉRENCES ET DESCRIPTIF DES ŒUVRES

COUVERTURE
*Déménagement
de Robert Walter*, 2003
Lavis sur papier
Collection privée Robert Walter
*Existe en carte postale, carte doubles
volets et petites sérigraphies*
PAGE DE GARDE
Collage inédit, 2006
Collage colorié sur papier

5
Dessin inédit, 2006
Dessin sur calque et encre de Chine

7
*Théo Ungerer, le père de Tomi,
devant le calendrier de l'horloge
astronomique de Messine.*
Collection particulière

8
Mon journal du 3 mai 1943, 1943
Paru dans *A la guerre comme à
la guerre*, La Nuée Bleue, 1991
Collection Tomi Ungerer,
Musées de Strasbourg / Tomi Ungerer
*Extrait du manuscrit de «Mon Journal»,
tenu par Tomi Ungerer du 2 mai 1943 au
15 février 1944*

11
La Cathédrale de Strasbourg, 1994
Dessin inédit sur papier fort, avec
découpes (vitraux et Lune) destinées
à être éclairées par l'arrière
Collection privée

13
*La Cathédrale surgit sur
mon électrocardiogramme
après mon infarctus*, 2006
Bande d'électrocardiogramme
retravaillée à l'encre de Chine

14
*Association des professeurs de
biologie-géologie*, 2003
Dessin colorié, lavis et encre de Chine
*Dessin réalisé pour le congrès de
l'Association des professeurs de
biologie-géologie
Ce dessin a été utilisé en affichette, en
carte postale et en sérigraphie.*

15
Strasbourg Ville rhénane, 1992
Lavis sur calque
Collection Tomi Ungerer,
Musées de Strasbourg / Tomi Ungerer
*Ce dessin, utilisé comme affiche pour
un congrès d'historiens, a été repris
en carte postale et sérigraphie.*

16
Electricité de Strasbourg, 2000
*Cette estampe a été mise en vente par
Electricité de Strasbourg à l'occasion
de son 100ᵉ anniversaire.*

17
Strass'Musique, 1994
Dessin paru sous forme d'affiche
Collection Strasbourg Développement

18
*La Cathédrale depuis ses
origines*, 2001
Poster en quadrichromie
Collection Tomi Ungerer,
Musées de Strasbourg / Tomi Ungerer
*Ce dessin a servi de couverture au
100ᵉ numéro de* Strasbourg magazine.

19
Strass'Green, 1994
Poster en quadrichromie
Collection Strasbourg Développement
*Ce dessin, utilisé lors de la campagne
de promotion «Strasbourg, ville
européenne de commerce», a été
repris en carte postale et pour la
manifestation l'Art en fête 1994*

20-21
Strass'Vélo, 1994
Collection Strasbourg Développement
*Montage réalisé d'après un dessin
créé pour Strasbourg Développement.*

22
Strass'Bière, 1994
Poster en quadrichromie
Collection Strasbourg Développement
*Ce dessin a été repris en carte postale
et en poster.*

22
Strass'Cook, 1994
Poster en quadrichromie
Collection Strasbourg Développement
*Ce dessin a été repris en carte postale
pour la manifestation l'Art en fête
1994. Il a également été utilisé lors de
la campagne de promotion «Strasbourg,
ville européenne de commerce».*

23
Dessin inédit, 2006
Encre de Chine et couleurs au verso

24 (et 4ᵉ de couverture)
Strass'Film, 1994
Poster en quadrichromie
Collection Strasbourg Développement

24
Strass'Shopping, 1994
Poster en quadrichromie
Collection Strasbourg Développement
*Ce dessin a été repris en carte à
doubles volets, en carte postale*

25
Strass'Book, 1994
Poster en quadrichromie
Collection Strasbourg Développement
*Ce dessin a été repris en carte postale
pour la manifestation l'Art en fête 1994*

26
Au Grenier de Rathus, 2006
Lavis sur papier
Collection privée Patrick Hamm
*Ce dessin a été réalisé pour l'enseigne
du magasin d'images et de cartes
postales de Patrick Hamm à Strasbourg*

27
Autour du livre, 1996
Poster en quadrichromie
*Ce dessin, décliné sous forme d'affiche
et de carte postale, a été édité par
l'association Autour du Livre à
l'occasion du «Quai aux Livres 1996».*

28
Collage inédit, 2006
Collage sur calque, dessin à l'encre
de Chine et couleurs

29
*Gutenberg distribuant la
première page de sa Bible*, 2005
Collection Crédit Mutuel Gutenberg
*Ce dessin a été réalisé à l'occasion du
40ᵉ anniversaire du Crédit Mutuel
Gutenberg.*

30
Collage inédit, 2006
Collage colorié sur calque,
dessin à l'encre de Chine

31
Collage inédit, 2006
Collage colorié, dessin à l'encre
de Chine

32
Dessin inédit, 2006
Dessin sur gravure ancienne
en carton

33
Dessin inédit, 2006
Dessin sur calque, encre de Chine
et couleurs

34-35
Lavis sur calque
Dessin inédit réalisé pour *Flix*, 1997,
Diogenes Verlag
Collection Tomi Ungerer,
Musées de Strasbourg / Tomi Ungerer
*Ce dessin a été utilisé en carte postale
par l'Association internationale des
Amis de Tomi Ungerer*

36
O Strassburg..., 1975
Collection Tomi Ungerer,
Musées de Strasbourg / Diogenes
Verlag
Dessin publié dans Das Grosse
Liederbuch, *1975, Diogenes Verlag*

37
Freut euch das Leben, 1975
Collection Tomi Ungerer,
Musées de Strasbourg / Tomi Ungerer
*Dessin inédit réalisé pour Das Grosse
Liederbuch, 1975, Diogenes Verlag*

38
Le Siège de Strasbourg 1870, 1997
Collection privée Robert Walter
*Carte postale utilisée à l'occasion
d'une exposition du Centre Culturel
Français de Karlsruhe du 30 mai au
14 août 1997.*

39
Collage inédit, 2006
Collage colorié sur calque,
encre de Chine et couleurs

40
Dessin inédit, 2006
Dessin sur calque, encre de Chine
et tampons

41
Dessin inédit, 2006
Dessin sur calque, encre de Chine
et tampons

42
Dessin inédit, 2007
Dessin à l'encre de Chine et tampons

43
Dessin inédit, 2006
Dessin à l'encre de Chine et tampons

44-45
*Le Conseil Municipal en marche
vers la Mairie*, 2006
Dessin à l'encre de Chine
et tampons sur calque

46
Heimat deine Sterne, 1994
Lavis sur calque
Collection Tomi Ungerer,
Musées de Strasbourg / Tomi Ungerer
*Ce dessin a été reproduit
en carte de vœux.*

47
Entente Franco-Allemande,
2005
Collection privée Jean Willer
*Esquisse sur carton d'une sérigraphie
destinée à l'anniversaire de l'Entente
Franco-Allemande*

48
*«Mai 2004 – l'Europe à 25» –
Bienvenue à Strasbourg*, 2004
Dessin sur papier colorié
Collection privée Jean Willer
*Ce dessin a été utilisé sous forme
d'affiche et de carte postale par «Les
vitrines de Strasbourg».*

49
La Diva de l'Europe, 1998
Collection Tomi Ungerer,
Musées de Strasbourg (photo M. Bertola)
/ Tomi Ungerer
Encre de Chine, lavis d'encre de
couleurs et rehauts de gouache
blanche sur papier dessin
*Ce dessin a été édité en carte postale
par l'association Tomi Circus*

50
Strasbourg a 2000 ans, 1988
Collection Tomi Ungerer,
Musées de Strasbourg / Tomi
Ungerer
*Carte postale éditée par l'association
PTT Cartophilie – Alsace*

51
Collage inédit, 2006
Collage colorié sur calque, dessin
à l'encre de Chine et couleurs

52-53
Collage inédit, 2006
Collage et encre de Chine

54
Collage inédit, 2006
Collage colorié et encre de Chine
sur calque

55
Collage inédit, 2006
Collage colorié sur calque, dessin
à l'encre de Chine et couleurs

56
Collage inédit, 2006
Collage colorié sur calque,
encre de Chine et couleurs

57
Collage inédit, 2006
Collage colorié sur calque, encre
de Chine et touches de couleur

58
Collage inédit, 2006
Collage colorié sur calque
et encre de Chine

59
Collage inédit, 2006
Collage colorié sur calque
et encre de Chine

60
Collage inédit, 2006
Collage colorié sur papier
et encre de Chine

61
Collage inédit, 2006
Collage sur calque et encre de Chine

62
Collage inédit, 2006
Collage colorié sur papier et encre
de Chine

63
Collage inédit, 2006
Collage colorié sur papier et encre
de Chine

64
Collage inédit, 2006
Collage colorié sur papier et encre
de Chine

65
Collage inédit, 2006
Collage colorié sur papier et encre
de Chine

66
*Le peintre de la cathédrale et son
modèle*, 2000
Dessin sur carton, encre de Chine
et couleurs
Collection privée Jean Willer
*Une variante de ce dessin a été utilisée
par les Musées de Strasbourg sous
forme de carte de vœux*

67
Lavis sur calque
Collection Tomi Ungerer,
Musées de Strasbourg / Diogenes Verlag
Dessin paru dans *Flix*, Diogenes Verlag,
1997
*Carte postale éditée par les Musées
de Strasbourg*

68-69
Calendrier de l'Avent, 1993
Collection Tomi Ungerer,
Musées de Strasbourg / Tomi Ungerer
*Le dessin de ce Calendrier de l'Avent,
mis en vente par les Musées de
Strasbourg, a été repris en cartes de
vœux*

70
Dessin inédit, 2006
Dessin sur calque, encre de Chine
et couleurs

71
Le partage, 2001
Collection privée
Dessin à l'encre de Chine et couleurs
*Ce dessin a servi d'illustration à un
article rédigé par Tomi Ungerer dans
le n° de décembre 2001 de Strasbourg
magazine.*

72
Strass'Noël, 1994
Poster en quadrichromie
Collection Strasbourg Développement
*Ce dessin a été repris en carte postale,
carte doubles volets et menus*

73
L'espoir, 1993
Collection Tomi Ungerer,
Musées de Strasbourg / Tomi
Ungerer
*Carte postale éditée par la Croix
Rouge*

74
Dessin inédit, 2001
Collection privée Jean Willer
*Ce dessin sur calque était un projet
d'affiche à l'occasion du 40ᵉ
anniversaire des Percussions de
Strasbourg. Cette affiche n'a
finalement pas vu le jour*

75
Festival de Strasbourg, 1994
*Affiche et sérigraphie pour le Festival
de Strasbourg. Il est à noter que ce
dessin a été repris en couverture d'un
CD de l'Orchestre Philharmonique de
Strasbourg.*

76
Collage inédit, 2006
Collage colorié sur papier
et dessin à l'encre de Chine

77
L'émigration à Strasbourg, 1997
Lavis sur papier
Collection privée Jean Willer
*Ce dessin a été utilisé comme
illustration de couverture du livre
Mon Alsace, paru en 1997 aux éditions
La Nuée Bleue. Il a aussi été repris
en carte postale.*

78
Collage inédit, 2006
Collage colorié sur calque
et dessin à l'encre de Chine

79
Collage inédit, 2006
Collection privée
Dessin sur papier à l'encre de Chine
et couleurs

80-81
Heimweh, 2006
Lavis sur carton glacé

82
Collage inédit, 2006
Collage colorié sur calque
et encre de Chine

83
Collage inédit, 2006
Collage sur carton et encre de Chine

84
*Dessin réalisé en 1996 pour la
carte de vœux du CIAL*
Collection Tomi Ungerer,
Musées de Strasbourg / Tomi Ungerer

85
Dessin inédit, 2007
Dessin sur papier au crayon
et à l'encre

86
Electricité de Strasbourg, 2000
*Cette carte postale, éditée par
Electricité de Strasbourg,
a notamment été reprise sous
forme d'affiches*

87
Collage inédit, 2006
Collage colorié sur papier bleu,
encre de Chine et gouache

88
Collage inédit, 2006
Collage sur papier et encre de Chine

89
Assuré-Rassuré, 1996
Collection Tomi Ungerer,
Musées de Strasbourg / Tomi Ungerer
*Carte postale éditée par PTT
Cartophilie, en remerciement pour
l'aide apportée par Groupama lors
de l'exposition organisée en 1996
par cette association.*

90-91
Dessin inédit, 2006
Dessin sur calque colorié

92
Dessin inédit, 2006
Dessin colorié sur calque et encre
de Chine

93
*Dessin réalisé pour un congrès
de radiologie*, 1989
*Ce dessin a été repris pour illustrer
la couverture du livre
Ach un krach
d'Auguste Wackenheim.*

94
D'r Hans im Dioxinloch, 1990
*Cette affiche a été réalisée pour
Ecopole Kehl – Strasbourg, dans le
cadre de la campagne «Non à
l'incinération de déchets toxiques».*

95
Amis du Vieux Strasbourg, 2006
*Sérigraphie pour les «Amis du Vieux
Strasbourg», destinée à la couverture
de l'annuaire de l'association et reprise
en carte postale.*

96-97
Collage inédit, 2006
Collage sur papier

98
Déménagement de Jean Willer,
1998
Dessin sur papier, encre de Chine
et lavis
Collection privée Jean Willer
Ce dessin a été repris en carte postale

99
Dessin, 1989
Collection Tomi Ungerer,
Musées de Strasbourg / Tomi Ungerer
*Ce dessin, créé pour le bimillénaire de
la ville de Strasbourg, a été publié
sous forme de carte postale.*

100
Dessin inédit, s.d.
Lavis sur papier

101
Dessin inédit, 2006
Lavis sur calque

103
Collage inédit, 2006
Collage colorié sur calque
et encre de Chine

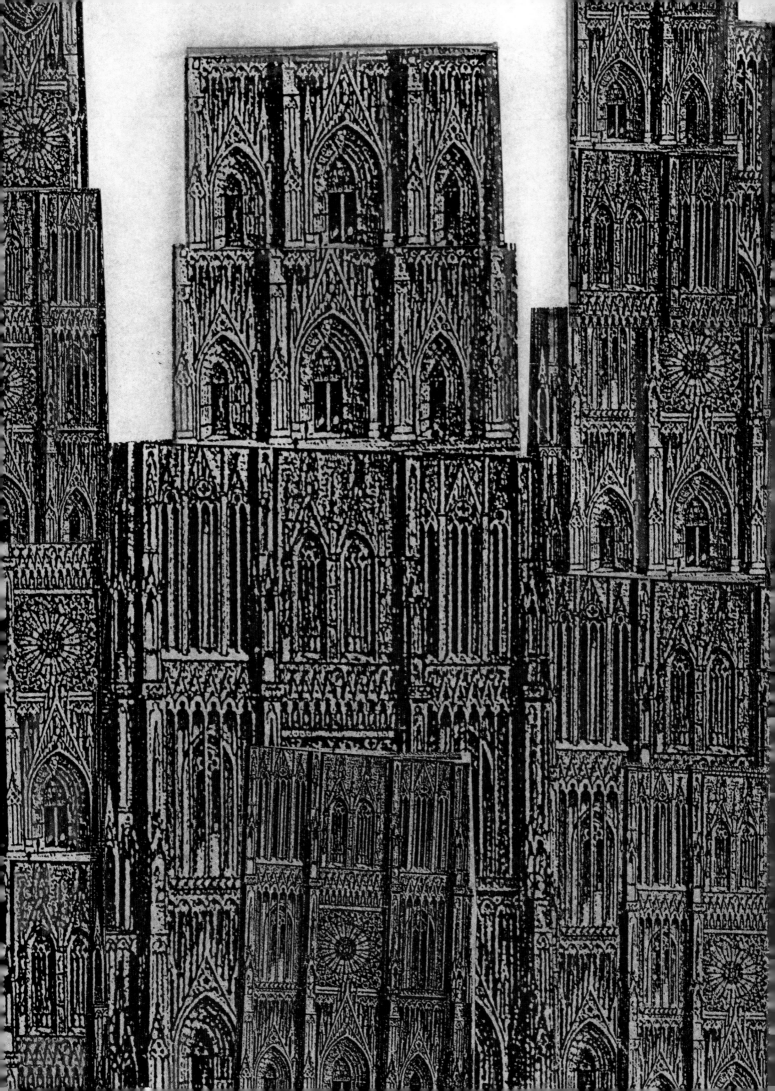